L'AMOUR
CHARLATAN

OPÉRETTE EN UN ACTE

PAROLES DE

MM. F. DE LANGE ET L. BOURDEREAU

MUSIQUE DE

H. CELLOT

PARIS

IMPRIMERIE MORRIS ET COMPAGNIE
RUE AMELOT, 64

1864

L'AMOUR CHARLATAN

OPÉRETTE EN UN ACTE

Représentée pour la première fois, à Paris, sur le théâtre des Folies-Marigny, le 15 juillet 1864.

L'AMOUR
CHARLATAN

OPÉRETTE EN UN ACTE

PAROLES DE

MM. F. DE LANGE ET L. BOURDEREAU

MUSIQUE DE

H. CELLOT

PARIS

IMPRIMERIE MORRIS ET COMPAGNIE
RUE AMELOT, 64
—
1864

PERSONNAGES

PÉPIN.......................... M. GOURDON.
DUCROCHET, père de Paméla...... M. CAILLAT.
PAMÉLA......................... Mme GOURDON.
UN DOMESTIQUE.................. M. DEVIENNE.

La scène se passe à Paris, sous la Régence.

Paris. — Typ. Morris et Comp., rue Amelot, 64.

L'AMOUR CHARLATAN

Une chambre. Au fond, un appareil à douches entouré de rideaux. Au côté droit, une cheminée; table, fauteuils. — A droite et à gauche, portes latérales.

SCÈNE PREMIÈRE

PÉPIN, *entrant en costume de charlatan (Louis XV) et supputant sur ses doigts.*

L'eau chaude ou l'eau froide!.. Les émollients ou les toniques... Les purgatifs ou les sangsues... L'école de Salerne dit oui, mais l'école de... chose dit non... moi je suis pour l'école de Salerne et les sangsues... La sangsue est l'amie de l'homme! Hippocrate, dans son Traité de..... Je prends, Dieu me pardonne, ma perruque au sérieux, et je me mets à faire de la science comme si j'étais un docteur, un vrai docteur .. *Dignus intrare!*

COUPLETS.

Fameux charlatans, sans croyance,
Grands chercheurs de publicité,
Esculapes dont la science
Fait la guerre à notre santé,
Effacez-vous, faites moi place,
Ou je vous brise en mon chemin,

Car je suis le progrès qui passe
Pour soulager le genre humain !..
Avez-vous une rage d'amour ?
  Vite une douche ;
  Le jet vous touche,
Et le mal, qui s'arrête court,
   S'efface
   Et passe,
Aux accords mélodieux
D'un air bien langoureux.
  Tra ! la ! la ! la !

Pour charmer souvent le vulgaire,
La musique est un art divin ;
L'eau, pour guérir est nécessaire,
Et je la préfère au bon vin ;
En combinant, pour l'existence,
Ces deux moyens aussi puissants,
En vrai docteur, j'ai l'assurance
Que l'on vivra plus de cent ans !...
Avez-vous des maux inconnus ?
  Vite une douche ;
  Le jet vous touche,
Et les ignorants, confondus,
   Frémissent,
   Pâlissent
Aux accords mélodieux
D'un air victorieux !...
  Tra ! la ! la ! la !

Ouf!... J'étouffe sous ce costume et sous cette crinière dont je me suis affublé pour recevoir l'honorable M. Ducrochet, ancien marchand de pruneaux, et Paméla, sa charmante fille !... (*Au public.*) Je vais, sans plus de mystère, mesdames et messieurs, vous dévoiler la chose !... Je suis Pépin... le beau Pépin !... commis drapier, rue des Mauvaises-Paroles... la coqueluche du quartier Saint-Denis... possesseur de cinq cents livres de rente, et amoureux fou de Paméla, belle blonde aux yeux bleus, aux lèvres de corail, à la taille de guêpe, et cætera... et cætera...

Ducrochet son père, me refuse sa main, par le motif stupide que je fais fi de la médecine, en général, et des drogues, en particulier!... Et il a juré de ne donner sa fille qu'à un médecin ; mais moi, de mon côté, j'ai juré d'obtenir cette main, coûte que coûte ; et, pour atteindre ce résultat, j'ai loué cette maison que j'ai transformée, spécialement pour la circonstance, en établissement médical sous la direction d'un habile docteur... Cet habile docteur, c'est moi !... M. Ducrochet, cet homme âgé et crétin, espère trouver ici un établissement modèle où il pourra guérir ses maux imaginaires avec le secours d'un traitement qui n'existe en aucune partie du monde, et dont, pour l'instant, je suis l'inventeur et le directeur... (*On sonne au dehors.*) J'entends sonner... ce sont eux, vite à notre poste !... (*Il sort par la droite.*)

SCÈNE II

DUCROCHET, PAMÉLA, *entrant par la gauche.*

DUCROCHET, *un sac de nuit à la main, parlant à sa fille.*

Tu as la migraine, ma fille?... ma foi ! tu as de la chance, car nous voici arrivés chez un grand médecin qui guérit tous les maux !...

PAMÉLA.

Comment, papa, tu viens encore ici pour te faire soigner ?

DUCROCHET.

Me faire soigner ! mais c'est mon rêve... je ne vis que pour cela... Tout est soigné dans la nature : le jardinier soigne ses melons, l'aveugle son caniche, la nourrice son poupon... et comme je veux t'unir à un habile docteur, tu seras soignée aussi... Ton mari te comblera de caresses, de purgatifs, de sinapismes et autres douceurs qui embelliront ta vie. (*Il dépose son sac.*)

PAMÉLA.

Mais je ne veux pas épouser un médecin, papa, je n'en ai pas besoin.

DUCROCHET.

Tu crois cela.

PAMÉLA.

J'en suis sûre... Je me porte à merveille.

DUCROCHET.

C'est impossible... tu tiens de ton père... qui est toujours malade !...

PAMÉLA.

Ce qui ne t'empêche pas de faire trois bons repas par jour.

DUCROCHET.

Oui, je dévore... mais ça ne passe pas tout seul, il me faut avoir recours à des expédients qui me retirent mes forces... Aussi je sens que je dépéris... je perds mes mollets !... Ah ! je suis bien détérioré !

COUPLETS.

I

Faut-il donc payer sa folle jeunesse
Par mille douleurs, d'affreux lombagos ?
Une fièvre, hélas ! m'accable sans cesse,
Et je sens du mal jusque dans les os.
A me soulager je passe ma vie ;
Les pruneaux, le lait sont mes aliments ;
Je prends, jour et nuit, des médicaments ;
Et mon corps n'est plus qu'une pharmacie !

II

N'est-ce pas affreux, lorsqu'on est malade,
D'avoir toujours un ou deux médecins ?
Tant-Pis vous prescrit eau claire et panade ;
Tant-Mieux de bons mets avec de vieux vins.

C'est entre les deux une triste affaire :
Si l'un vous dit blanc, l'autre dira noir ;
Mais s'il en vient trois, perdons tout espoir...
Nous sommes certains d'être mis en terre !

PAMÉLA.

Mais, papa, puisque c'est ainsi, tu devrais les fuir comme la peste.

DUCROCHET.

Peste! comme tu y vas... Est-ce qu'on peut mourir sans eux? Mais j'ai confiance dans ce nouveau traitement... et nous verrons bien...

SCÈNE III

LES MÊMES PÉPIN.

PÉPIN, *entrant et parlant à la cantonade.*

Ayez l'œil sur tout... et veillez aux robinets!...

DUCROCHET.

Quelqu'un !

PÉPIN, *apercevant Paméla.*

Oh !

PAMÉLA, *de même.*

Ah !

DUCROCHET, *inquiet, à sa fille.*

Qu'est-ce qui te prend?

PAMÉLA.

Rien... une crampe... (*A part, avec intention.*) C'est lui !

PÉPIN, *de même, avec joie.*

C'est elle !... (*Haut.*) Toutes mes salutations à M. Ducroquet. (*Ils se saluent.*)

1.

DUCROCHET, *le reprenant.*

Ducrochet, je vous prie... Vous êtes le médecin de cet établissement ?

PÉPIN.

Je le suis !... Pour vous servir... je mets tout mon savoir à vos pieds, et à ceux de mademoiselle...

DUCROCHET.

Ma fille.

PÉPIN.

Je m'en doutais.

DUCROCHET.

Parbleu ! nous nous ressemblons comme deux gouttes de lait.

PAMÉLA.

Oh ! papa.

DUCROCHET.

Ménageons ta modestie devant le docteur... que tu auras aussi besoin de consulter.

PÉPIN, *vivement, à Paméla.*

Je suis prêt à vous offrir mes soins... (*Il lui prend la main qu'il embrasse en cachette.*)

PAMÉLA.

Ah ! mon Dieu ! je me sens quelque chose !...

DUCROCHET.

Je te le disais bien... Il faut te médicamenter ; mais, d'abord, commençons par moi qui suis le plus pressé.

PÉPIN, *à Ducrochet.*

C'est juste !... (*Il va chercher des siéges et offre une chaise à Ducrochet.*) Prenez donc la peine de vous asseoir, monsieur Ducroquet.

DUCROCHET, *le reprenant.*

Ducrochet... (*A part, à Paméla, tandis que Pépin*

apporte les chaises.) Tu ne trouves pas que ce médecin a un faux air de Pépin?

PAMÉLA.

Oh! Pépin est bien mieux!...

DUCROCHET, *à Pépin qui s'est assis.*

Je viens, monsieur, dans votre nouvel établissement, pour refaire ma santé délabrée, au moyen de votre système, qui est, dit-on, merveilleux!

PÉPIN, *saluant.*

Merveilleux! c'est le mot. (*Il se lève.*) Ce traitement est rationnel, graduel, providentiel! Il traite le corps et l'esprit, et je suis convaincu qu'administré sur une une grande échelle...

DUCROCHET, *se levant et l'interrompant.*

Il me faudra monter à l'échelle?

PÉPIN, *riant.*

C'est au figuré, monsieur Dubrochet..

DUCROCHET, *insistant.*

Ducrochet... Ducrochet... (*A part.*) Il n'a pas la mémoire des noms. (*Il se rassied.*)

PÉPIN.

Mon traitement est simple ou composé. Nous avons l'eau chaude, l'eau froide, les étuves, les douches ascendantes et descendantes, se divisant en lames et demi-lames, l'arrosoir, la cataracte; plus le massage et la gymnastique, le tout avec accompagnement d'airs de menuets, de valses allemandes, de cymbales et de chapeau chinois.

DUCROCHET.

Ah bah!... c'est étourdissant!... C'est une révolution complète dans la médecine!

PÉPIN.

C'est la médecine de l'avenir!!!

DUCROCHET, *se levant.*

Et tout cela avec de l'eau... vous êtes donc un puits de science?

PÉPIN.

Je le crois bien!.. Avec cette perruque de famille, on est savant!

DUCROCHET

Il serait possible? vous m'en donnerez une mèche, docteur, oh! une seule mèche?

PAMÉLA, *qui s'est approchée.*

Et une à moi aussi.

PÉPIN.

Je partagerai ma perruque entre vous deux... Mais procédons à la consultation. (*Il se lève.*)

DUCROCHET, *courant à Pépin.*

Un instant, docteur... pas devant ma fille... Il est certains détails...

PÉPIN.

Je comprends... (*Ouvrant la porte à gauche.*) Si mademoiselle veut entrer dans ce boudoir, elle pourra s'y reposer.

DUCROCHET.

Va, fifille, va... tu feras un petit somme en attendant ton pépère... (*Il embrasse Paméla sur le front tandis que Pépin lui embrasse la main à part, en la reconduisant.*)

DUCROCHET, *levant la tête en l'air.*

Hein! on dirait des oiseaux qui se becquètent!

SCÈNE IV

PÉPIN, DUCROCHET.

PÉPIN.

Ah! ah! ce cher monsieur Ducrochet!... Seyez-vous donc.

DUCROCHET.

Tiens ! il dit bien mon nom ! (*Ils s'asseyent et se regardent mutuellement un instant sans se parler.*)

PÉPIN, *se levant lentement.*

Montrez-moi votre langue. (*Il la lui tiré à droite, à gauche, et l'examine avec une loupe.*) Oh ! oh ! épaisse, épaisse... et fort chargée ! (*Examinant l'œil.*) Vous avez l'œil terne et l'air très-abattu.

DUCROCHET, *inquiet et s'agitant.*

Je suis tout cela !..

PÉPIN.

Votre pouls ? (*Lui tâtant le pouls et tirant sa montre.*) Cent cinquante pulsations à la minute !... (*Il se lève.*) Grave, très-grave ! (*Il marche vivement de long en large, Ducrochet le suit.*)

DUCROCHET, *très-inquiet.*

Cent cinquante pulsations à la minute !... Mais c'est de l'huile bouillante que j'ai dans les veines.

DUO.

Ah ! Docteur, je vous en supplie,
Ne m'abandonnez pas,
Et conservez un père à sa fille chérie,
Si c'est possible encore, hélas !

PÉPIN.

Tout est possible, je le dis,
Par la musique et l'hydrothérapie !...
  Car je guéris
  L'apoplexie,
  La pneumonie,
  L'hydropisie,
  L'épilepsie
  Et la folie !..
Grâce à mon nouveau traitement,
  La méningite
  Et l'entérite,
  Rhume, gastrite,

Péritonite,
Goutte et bronchite,
Tout ça vous quitte,
Subito, par enchantement!
DUCROCHET *tremblant.*
J'ai tout cela?..
PÉPIN.
Bien plus encore!
Et la pléthore!...
DUCROCHET, *se tâtant tout le corps.*
Oui, c'est bien ça!..
Je le sens là!

ENSEMBLE

DUCROCHET.
Ah! d'effroi mon âme est glacée!
Je n'ai plus ni jambes ni bras...
Je sens ma poitrine oppressée...
Je vois s'approcher le trépas!
PÉPIN.
Sa raison est bouleversée;
Il n'a plus ni jambes ni bras;
Et dans sa terreur insensée,
Il redoute un prochain trépas!
DUCROCHET.
Avec de pareils maux, je ne puis vivre encor...
C'est bien fini!...
PÉPIN.
Que rien ne vous tourmente;
Vous êtes, à mes yeux, un homme déjà mort!
DUCROCHET.
Hélas!
PÉPIN.
Mais je vous guérirai!
DUCROCHET.
Plaît-il?
PÉPIN.
Oui, sur vous je ferai
Une cure éclatante,
Et vous serez bientôt ressuscité!
DUCROCHET.
En vérité?

ENSEMBLE.

DUCROCHET.
Quelle espérance!
Plus de souffrance;
Son assurance
Ravit mon cœur!
Ah! le grand homme!
Qu'on le renomme,
Moi je le nomme
Mon bienfaiteur!

PÉPIN.
Oui, ma science
Rend l'espérance;
Plus de souffrance,
Plus de douleur!
Je suis, en somme,
Moins qu'un grand homme;
Mais je me nomme
Votre sauveur!

PÉPIN.

Vous allez d'abord prendre une douche, cher monsieur.

DUCROCHET, *ému.*

Une douche!

PÉPIN.

Avec accompagnement d'une valse nouvelle ou l'air : *Au clair de la lune*, composé par le célèbre Lulli.

DUCROCHET, *gaiement.*

Ah! oui, la lune! j'aime mieux cela!... C'est moi qui aimais les promenades au clair de la lune, dans ma jeunesse.

PÉPIN, *riant.*

Nous avons donc fait nos farces? (*Sérieusement.*) Alors vous n'aurez pas la lune aujourd'hui, ça pourrait vous donner des idées fôlâtres... et vous ne tenez pas à ce que votre maladie aille en croissant... (*Pépin tape*

sur le ventre de Ducrochet qui lui riposte en riant.
PÉPIN, *appelant un domestique.*

Comtois!... Comtois!... un peignoir!... (*Le domestique paraît marchant à pas comptés et tenant un peignoir tendu devant lui.*)

DUCROCHET, *indiquant le domestique.*

Quel drôle de bonhomme!...

PÉPIN, *à Ducrochet.*

Ils sont tous comme cela chez moi... Allons, monsieur, prenez ce peignoir... (*On lui place le peignoir sur le dos. Le domestique sort.*)

DUCROCHET, *hésitant.*

Déjà?

PÉPIN.

Comment, déjà!... Auriez-vous peur?

DUCROCHET.

Moi, peur!... allons donc!... J'ai eu un frère dragon... Mais quand on a soixante-cinq ans...

PÉPIN.

Vraiment, cher monsieur, vous avez soixante-cinq ans?

DUCROCHET.

Je ne les parais pas?...

PÉPIN.

Au contraire!... Dès que vous êtes entré, je me suis dit: Voilà un homme qui a bien soixante-quinze ans.

DUCROCHET.

C'est étonnant!... Mais que voulez-vous?... quand on a des douleurs, et une fille...

PÉPIN.

Ah!

DUCROCHET.

Oui, j'ai le bonheur de me voir revivre dans mon enfant... et c'est ce qui me rend bien malheureux!

PÉPIN.

Je ne comprends pas.

DUCROCHET.

C'est que vous ne connaissez pas encore la maladie de ma fille !

PÉPIN, *étonné*.

Elle a une maladie ?

DUCROCHET, *bas, à Pépin*.

Terrible !... Elle est amoureuse !

PÉPIN.

En vérité ?...

DUCROCHET.

Elle tient ça de sa mère; mais avec la différence qu'elle s'est amourachée d'un cuistre qui s'appelle Pépin... Ce gredin, qui est très-laid, convoite son cœur et mes écus... (*Avec force*) Mais il n'aura ni l'un ni l'autre ! (*Il lui met son paletot sur les bras.*)

PÉPIN, *à part*.

Ah çà ! il m'arrange d'une jolie façon !... patience... (*Haut.*) Ah ! oui, c'est un terrible mal que l'amour !... Mais, soyez tranquille, monsieur Dumaillet...

DUCROCHET, *le reprenant impatienté*.

Ducrochet !...

PÉPIN.

On la guérira, cette jeunesse.

DUCROCHET.

Après moi.

PÉPIN.

C'est entendu... Commençons par visiter l'appareil... La douche est prête. (*Il ouvre le rideau.*)

DUCROCHET, *avec inquiétude*.

Il faut que je me fourre là-dedans ?...

PÉPIN.

Vous serez au septième ciel.

2.

DUCROCHET.

J'aimerais mieux rester au premier.

PÉPIN, *gaiement.*

Ah! ah! charmant, parole d'honneur!... Mais ce que je vous dis est indispensable... Vous entrerez par l'étuve, et vous vous débarrasserez de vos vêtements...

DUCROCHET.

Songez que je suis un père de famille... n'exposez pas mes jours... ne lâchez pas tout de suite la mécanique...

PÉPIN.

Soyez tranquille.

DUCROCHET, *faisant une fausse sortie à droite.*

Oh! que c'est noir!... que c'est noir!... on dirait une cave...

PÉPIN, *poussant Ducrochet.*

Mais entrez donc... Un brave comme vous... J'attendrai votre signal... (*Il ferme le rideau de l'appareil.*)

SCÈNE V

PÉPIN, *puis* PAMÉLA.

PÉPIN.

Maintenant, prévenons de suite Paméla par ce petit mot qui la mettra au courant de tout. (*Il écrit vivement sur la table, puis glisse le billet sous la porte de la chambre de Paméla.*) Elle est là, ma bien-aimée, reposant doucement... ah!

DUETTO.

Quand vous dormez,
Moi je veille et soupire;
A peine je respire
Quand vous dormez...

Rêvez de celui qui vous aime,
Que vous aimez d'un tendre amour;
Loin de vous son mal est extrême,
Rêvez jusqu'au retour du jour.
Quand vous dormez,
Moi je veille et soupire;
A peine je respire
Quand vous dormez.

PAMÉLA, *entr'ouvrant la porte de sa chambre, puis s'avançant vers Pépin tout en chantant.*

Je pense, hélas! à vous que j'aime,
Que j'aime du plus tendre amour!...
Oh! loin de vous, douleur extrême!
J'attends le doux retour du jour!

ENSEMBLE.

PAMÉLA.
En l'avenir
J'ai perdu confiance;
Je n'ai plus d'espérance.
En l'avenir!

PÉPIN.
En l'avenir
Reprenez confiance,
Et gardons l'espérance
En l'avenir!

PÉPIN.

Paméla, soyez sans crainte, tout ira bien... L'amour fait triompher de tous les obstacles.

PAMÉLA, *inquiète.*

Qui sait?... mon père est si entêté... s'il vous entendait, tout serait perdu!...

DUCROCHET, *appelant.*

Docteur... êtes-vous là, docteur?...

PAMÉLA, *à part, à Pépin.*

Papa!... Qu'est-ce que je vous disais?... Je me sauve!...

DUCROCHET.

Docteur!...

PÉPIN, *envoyant un baiser à Paméla, qui rentre dans sa chambre.*

Espoir et confiance!...

SCÈNE VI

PÉPIN, DUCROCHET.

DUCROCHET, *passant la tête entre les rideaux.*
Coucou!... me voilà!...

PÉPIN.

Bravo!.. monsieur Gringalet...

DUCROCHET.

Ducrochet, donc!...

PÉPIN.

Le succès est certain!... vous serez guéri de tous vos maux.

DUCROCHET.

Guérison garantie?

PÉPIN.

A perpétuité!... Attention, ne bougeons plus!... (*Ducrochet ferme l'appareil. — On entend le prélude d'une valse et le bruit de la douche qui tombe.*)

DUCROCHET.

Ah! mon Dieu! je suis noyé!...

PÉPIN.

C'est ce qu'il faut.

DUCROCHET.

Je suffoque!... je meurs!...

PÉPIN.

Ce n'est rien... Quand le moral est bon, il fait supporter les plus grandes souffrances .. Redoublons!...

DUCROCHET.

Arrêtez!... arrêtez!... brou... brou... (*Il sort en grelottant et traverse la scène en courant.*)

PÉPIN, *courant après lui.*

Voulez-vous rentrer?

DUCROCHET.

Non!...

PÉPIN.

Si!...

DUCROCHET.

J'en ai assez!

PÉPIN, *poussant Ducrochet derrière le rideau.*

Jamais!... (*Il referme l'appareil.*) Encore une minute, ce sera tout.

DUCROCHET.

Grâce!... pitié!...

PÉPIN, *ouvrant les rideaux.*

C'est fait.

DUCROCHET, *tout transi.*

Vous voulez me tuer!

PÉPIN.

Je vous rends à la vie!

DUCROCHET, *allant s'asseoir.*

C'est un rude moyen!... merci de la médecine de l'avenir!...

PÉPIN.

C'est le triomphe de la science!... Allons, soyons sincère... ça va mieux, n'est-ce pas?... Comment vous trouvez-vous?...

DUCROCHET.

Comment je me trouve!... mais fort disloqué... (*Il se lève péniblement.*) Cependant, je sens que la douche m'a

ouvert l'appétit, et je casserais volontiers une croûte...
avec quelque chose dessus...

PÉPIN, *à part.*

De mieux en mieux... (*Haut.*) C'est le traitement qui opère !... J'ai là un souper tout préparé, et je vais vous faire servir... (*Appelant.*) Comtois !... Comtois !... servez !... (*Le domestique apporte un guéridon tout servi, et sort.*)

DUCROCHET, *inquiet.*

Mais qu'est-ce que c'est que ce garçon-là ?...

PÉPIN.

Il est à ressorts.

DUCROCHET.

Ah ! bah !... (*S'asseyant devant le guéridon.*) Un pâté, c'est délicieux !... (*Il le respire.*)

PÉPIN, *versant du vin à Ducrochet.*

Et ce vin ?

DUCROCHET, *buvant.*

Du volnay !... c'est ravissant !... Ah ! docteur, ça me raccommode avec vous, et vous allez partager mon repas...

PÉPIN.

Volontiers.

DUO.

PÉPIN.
  Aimez-vous le bon vin ?
DUCROCHET.
  Le bon vin, je l'adore !
  Et vous ?...
PÉPIN.
      Moi j'aime plus encore...
DUCROCHET.
Quoi donc ?..
PÉPIN.
  Vous le saurez demain ;
  En attendant, vidons cette bouteille ;

Sa vertu sans pareille
Réjouit le cœur !

DUCROCHET, *buvant*.

Dieu! quel bouquet! quelle saveur!
Bouteille
Vermeille,
Tes glouglous
Si doux
Charment mon oreille;
Et mes yeux éblouis
Contemplent les rubis
Que ta liqueur si chère
Fait briller dans mon verre !
Bouteille mignonne,
Si belle et si bonne,
Sois toujours
Mes amours !

ENSEMBLE.

PÉPIN.

Bouteille
Vermeille,
Tes glouglous
Si doux
Charment son oreille ;
Et ses yeux éblouis
Contemplent les rubis
Que ta liqueur si chère
Fait briller dans son verre !
Bouteille mignonne,
Si belle et si bonne,
Sois toujours
Ses amours!

DUCROCHET.

Bouteille
Vermeille,
Tes glougous
Si doux
Charment mon oreille ;
Et mes yeux éblouis
Contemplent les rubis
Que ta liqueur si chère
Fait briller dans mon verre !

Bouteille mignonne,
Si belle et si bonne,
Sois toujours
Mes amours !

PÉPIN, *montrant la table.*

Eh bien ! de ces médicaments
Que dites vous ?...

DUCROCHET.

...J'en perds la tête !...
D'autres prescrivent la diète,
Vous ordonnez des aliments
Arrosés de vins excellents !

PÉPIN.

Le bon vin ranime la vie.

DUCROCHET.

Oui, je me sens tout guilleret....

PÉPIN.

De mon remède c'est l'effet.
Versez docteur, je vous en prie,
Et célébrons tous deux gaîment
Le succès de ce traitement !

ENSEMBLE, *reprise.*

PÉPIN.

Bouteille
Vermeille,
Tes glouglous
Si doux,
Charment son oreille ;
Et ses yeux éblouis
Contemplent les rubis
Que ta liqueur si chère
Fait briller dans son verre !
Bouteille mignonne,
Si belle et si bonne,
Sois toujours
Ses amours !

DUCROCHET.
Bouteille
Vermeille.
Tes glouglous
Si doux
Charment mon oreille ;
Et mes yeux éblouis
Contemplent les rubis
Que ta liqueur si chère
Fait briller dans mon verre !
Bouteille mignonne,
Si belle et si bonne,
Sois toujours
Mes amours !

DUCROCHET, *gris*.

Tu es un bon sacripant de docteur... et si tu voulais...

PÉPIN.

Quoi donc ?

DUCROCHET.

Tu serais l'époux de Paméla.

PÉPIN, *gaiement*.

Mais je ne dis pas non !... votre fille doit être agréable ?...

DUCROCHET.

Comme son père !... J'ai joliment soupé !... Ah ! voilà que ça me tourne... (*Riant.*) Ah ! ah ! je me croirais dans la patache de Saint-Cloud !... (*Il veut embrasser Pépin.*) Je t'aime... et puis, tu ne ressembles pas à Pépin... je t'aime !....

PÉPIN.

Reposez-vous quelques instants sur ce fauteuil, mon cher monsieur Bilboquet.

DUCROCHET.

Ducrochet !... Tu as toujours de bonnes idées, toi...

docteur, ton vin était excellent!... une bonne cave, en ménage, c'est quelque chose... Décidément tu me conviens... tu auras ma fille... tu seras très-heureux... et tu auras beaucoup... (*Il s'endort profondément.*)

PÉPIN, *se frottant les mains.*

Ça marche!... ça marche mieux que je ne pouvais l'espérer... Le papa Ducrochet est complétement gris... je réponds du succès!

SCÈNE VII

PÉPIN, puis PAMÉLA.

PÉPIN, *s'approchant de la porte de Paméla et appelant à demi-voix.*

Paméla!... Paméla!... (*Paméla ouvre doucement la porte de sa chambre*). Votre père dort...

PAMÉLA, *entrant.*

Ah! s'il dort, un coup de canon ne le réveillerait pas.

PÉPIN.

Tant mieux!... nous pourrons causer de notre prochain mariage... car vous allez être bientôt ma petite femme, Paméla!...

PAMÉLA.

J'y compte bien... J'aurai de la fleur d'oranger et de jolis souliers de satin blanc!...

PÉPIN.

Ce jour fortuné n'est pas loin... seulement il faut m'aider, et dire toujours comme moi.

DUCROCHET, *rêvant.*

Quel gueux!...

PAMÉLA.

Ciel !...

PÉPIN, *s'approchant de Ducrochet sur la pointe des pieds.*

C'est le cauchemar... (*Prenant la main de Paméla.*) Quand nous serons unis, nous nagerons dans un océan de félicités... nous laisserons le papa Ducrochet déguster ses potions et avaler ses pilules.

DUCROCHET, *toujours rêvant.*

Scélérat de Pépin !...

PAMÉLA.

Qu'est-ce qu'il a donc ?

PÉPIN, *examinant Ducrochet.*

C'est l'effet de la douche... et du bon souper... Un peu d'agitation... voilà tout... Oui, Paméla, nous irons nous promener à Romainville, à Saint-Mandé !...

PAMÉLA.

Nous cueillerons des noisettes, nous boirons du lait chaud, et nous irons à âne... c'est mon rêve !...

PÉPIN.

Nous irons ensemble.

PAMÉLA.

Un âne et un mari... c'est charmant !... Voilà le vrai bonheur de la vie !...

RONDEAU.

Un petit mari,
Dieu ! que c'est gentil !
Mon cœur, d'avance,
Vers lui s'élance...
Nous serons heureux !

Mais aussi je veux
Robes nouvelles,
Bijoux, dentelles,
Puis un gros baudet
Fringant et coquet.
   C'est à ravir !
   Ah ! quel plaisir !
Dans les bois et dans la campagne
Maître Martin me conduit doucement,
Et mon mari, qui toujours m'accompagne,
  Sur sa monture en fait autant...
Un obstacle l'arrête ;
L'animal qui s'entête
Ne veut plus faire un pas ;
  Mais sous le bras
  Qui le fouette,
Il s'enfuit tout à coup
La bride sur le cou,
   Bondissant,
   Galopant,
   Hop ! hop !
Ah ! c'est charmant !...
Bientôt son pied butte,
Il fait la culbute,
Et moi, sans façon,
Je fais une chute
Sur le vert gazon !...
Un petit mari,
Dieu ! que c'est gentil !
Mon cœur, d'avance,
Vers lui s'élance....
Nous serons heureux !
Mais aussi je veux
Robes nouvelles,
Bijoux, dentelles,
Puis un gros baudet
Fringant et coquet.
   C'est à ravir !
   Ah ! quel plaisir !

PÉPIN.

Oui ; vous aurez tout cela... Vous serez la plus heureuse des femmes !...

DUCROCHET, *murmurant et s'agitant.*

Po... polisson!

PÉPIN.

Hâtez-vous de rentrer, Paméla ; votre père va se réveiller... fiez-vous à moi, et n'ayez nulle inquiétude, quoi qu'il arrive.

(*Paméla rentre dans sa chambre; Pépin dans le cabinet à droite; il emporte la lumière.*)

SCÈNE VIII

DUCROCHET, *s'étirant les bras et se frottant les yeux; il regarde de tous côtés. On entend une musique mélodramatique qui va crescendo jusqu'à la fin du monologue suivant.*

Où suis-je?... je ne m'y reconnais plus!... Ah! je me souviens!... la douche! le souper!... J'ai rêvé de cet odieux Pépin!... il dansait sur mon estomac!... ouf!... quel cauchemar!... (*Il se cogne aux meubles. Avec terreur.*) Hé! holà!... quelqu'un!... personne ne répond... Sans lumière... ça n'est pas gai... Ah! mais! ah! mais!... ils sont donc sourds dans cet établissement... Docteur!... docteur!... Paméla!... Je suis brave, c'est vrai... j'ai eu un frère dragon... (*Bruit de cymbales.*) Qu'entends-je!... Suis-je dans une maison de faux monnayeurs?... (*Le bruit redouble.*) Quel tapage infernal!... Grâce... grâce... je meurs... au secours!... (*Il tombe sur le parquet.*)

SCÈNE IX

DUCROCHET, PÉPIN, PAMÉLA, *entrant, portant chacun un flambeau.*

PAMÉLA.

Qu'est-ce donc, petit père?...

PÉPIN, *feignant un air inquiet.*

Que se passe-t-il ici?...

DUCROCHET, *avec terreur.*

Il se passe des choses atroces!... cette maison est hantée par des revenants!... je veux en déguerpir, et vivement.. avec ma fille... que vous n'aurez jamais pour épouse!...

PÉPIN.

Un transport au cerveau!... dans cinq minutes une grande douche, avec charivari... une application de quatre-vingts sangsues...

DUCROCHET.

Vous me prenez donc pour un fou?...

PAMÉLA.

Laisse-toi faire, petit père!

DUCROCHET.

Me laisser faire? Cet homme n'est qu'un charlatan!... partons...

PÉPIN.

Vous ne partirez pas!

DUCROCHET.

De la violence!... (*A Paméla*) Il attente à notre liberté! -

PAMÉLA, *comprimant une envie de rire.*

Ah! c'est bien mal!...

PÉPIN.

Vous avez payé pour être traité pendant quinze jours, et je vous traiterai... voici votre engagement.. (*Il lui montre un papier.*)

DUCROCHET.

Mon engagement, je m'en moque comme de vous et de votre maison... si vous me retenez plus longtemps, je crie à l'assassin !

PÉPIN, *feignant la colère.*

C'est ce que nous verrons !... (*Il sort et ferme la porte en dehors. Ducrochet veut s'élancer après lui.*)

SCÈNE X

DUCROCHET, PAMÉLA.

PAMÉLA.

Du calme, petit père !...

DUCROCHET.

Tu es bonne, toi, avec ton calme... Nous sommes dans une caverne de voleurs !... (*Il se dirige de nouveau vers la porte.*)

PAMÉLA, *cherchant à le retenir.*

Tu te rendras malade...

DUCROCHET, *la repoussant.*

Laisse-moi tranquille... laisse-moi tranquille... tu ne vois donc pas dans quel état je suis ?... Cet homme m'a mis hors de moi !... (*Il s'élance avec fureur vers la porte, et la frappe violemment.*) Fermée !... fermée !... c'est affreux !... nous sommes sous les verrous !... dans une bastille !... et pas la moindre échelle de cordes... (*tâtant ses poches*) non, pas la moindre échelle de cordes !...

PAMÉLA.

Mais, papa !...

DUCROCHET, *avec exaltation.*

Oh! si je tenais ce brigand de médecin!... si je le tenais... il passerait un mauvais quart d'heure!...

SCÈNE XI

DUCROCHET, PAMÉLA, PÉPIN, *entrant en costume de ville.*

DUCROCHET, *apercevant Pépin et se jetant dans ses bras.*
Pépin!... c'est le ciel qui t'envoie!

PÉPIN.

Remettez-vous, monsieur Ducrochet... Je viens d'apprendre ce qui se passe ici... et j'accours près de vous...

DUCROCHET.

Je me cramponne à toi, Pépin... sois mon sauveur... emmène moi de cette maison... le médecin de cet établissement est capable de tout...

PÉPIN.

Voudrait-il vous embaumer?...

DUCROCHET.

Ce n'est pas possible!... Mais il peut me torturer, le misérable!...

PÉPIN.

Par Pépin le Bref, mon ancêtre, il n'en sera rien!...

DUCROCHET, *tenant Pépin par les basques de son habit.*
Oh! ne m'abandonne pas!... et ma reconnaissance...

PÉPIN.

Vous abandonner!... mais, au contraire, je viens vous

tirer des mains de cet indigne charlatan, à qui j'ai fait entendre raison... et qui consent à votre départ!...

DUCROCHET.

Dis-tu vrai?

PÉPIN, *lui donnant un papier.*

Voici votre engagement qu'il m'a rendu.

DUCROCHET.

Ah! je renais à la vie!... Pépin, j'ai été injuste envers toi, bien injuste!... (*A sa fille.*) Paméla, tu l'aimes... il t'aime... bon!... j'allais conjuguer un verbe... je te le donne pour époux...

PAMÉLA, *embrassant son père.*

Merci, papa!... Maintenant nous te soignerons tous deux!...

PÉPIN.

Oui, nous vous dorloterons si bien, cher papa Ducrochet, que vous n'aurez plus jamais besoin de médecins!

DUCROCHET.

Je les ai tous en horreur! j'aime mieux le bon vin!

PÉPIN.

Eh bien! je vous ferai goûter d'un vieux jurançon qui n'a pas son pareil!...

DUCROCHET.

Quel âge a-t-il?

PÉPIN.

Trente ans... sans compter les mois de nourrice.

DUCROCHET.

Décidément, tu étais digne d'être mon gendre!.. Allons, mes enfants, puisque nous sommes tout à la joie.. répétez avec moi le refrain que je vais chanter :

ENSEMBLE FINAL.

DUCROCHET.

Bouteille
Vermeille,
Tes glouglous
Si doux
Charment mon oreille...
Sois mes amours
Toujours !

PÉPIN.

Bouteille
Vermeille,
Tes glouglous
Si doux
Charment son oreille...
Sois ses amours
Toujours !

PAMÉLA.

La! la! la!
La! la! la!
La! la! la! etc.

(*Le Rideau baisse.*)

FIN.

PARIS. — TYPOGRAPHIE MORRIS ET COMPAGNIE
64, rue Amelot.